51
_b 1025.

AF254117

LETTRE

A MONSIEUR DE

CHATEAUBRIAND

EN

RÉPONSE A SA BROCHURE.

PARIS. — IMPRIMERIE ET FONDERIE DE G. DOYEN,
RUE SAINT-JACQUES, N. 38.

LETTRE

A MONSIEUR DE

CHATEAUBRIAND

EN RÉPONSE A SA BROCHURE INTITULÉE

De la

NOUVELLE PROPOSITION

Relative au Bannissement de Charles X

Et de sa Famille, etc.

PAR

M. A. DE BRIQUEVILLE

DÉPUTÉ DE LA MANCHE

AUTEUR DE LA PROPOSITION.

Tout pour la France. — NAPOLÉON.

Paris

LIBRAIRIE LADVOCAT

Palais-Royal, galerie d'Orléans.

M DCCC XXXI.

À MONSIEUR

DE CHATEAUBRIAND

———

Monsieur,

Dans la brochure que vous avez publiée contre ma proposition, vous me confondez sans cesse avec le gouvernement; vous me prêtez sa pensée; vous lui attribuez mon action. Je repousse toute solidarité avec lui, lui repousse toute solidarité avec moi; et, d'avance, j'en suis sûr, sa voix peureuse et suppliante vous avait dit, comme un faible enfant à qui on montre les verges : « Ce n'est pas moi. »

Non, Monsieur, ce n'est pas lui; je vous l'assure, j'en suis son garant, je le sais mieux que personne et vous ne pouvez l'ignorer. Aussi, dans les hautes régions, doit-on vous accuser d'injustice, et ne regarder le texte que vous avez pris, que comme le cadre des paroles fortes et vives que vous lancez, avec tant d'éloquence, contre la politique et la lâcheté dominantes.

Ainsi, Monsieur, n'accusez que **moi** de ma proposition. J'en revendique toute la responsabilité, tout le péril. Sans le dire précisément, vous laissez penser que je ne suis **qu'un proscripteur à la suite, qu'un licteur du juste-milieu.** Cette insinuation se glisse, involontairement, je le crois, à travers beaucoup de vos lignes. Ma vie y répond de reste, et je la livre toute au jour de la publicité.

Mais vous attaquez ma proposition. Eh bien ! j'en appelle, comme vous, à l'opinion, à la raison publiques : je viens leur donner mes motifs ; elles jugeront s'il y a plus de patriotisme à la repousser qu'à la faire.

Je sais que, dans ce combat, vous avez pour vous l'autorité du talent et l'éclat du génie ; mais j'ai pour moi le cœur et le bon sens : et cette main, qui tient une plume inexpérimentée, a été mutilée, la dernière, en défendant le pays.

C'est vous dire, Monsieur, que, comme vous, je suis indigné de la bassesse de nos gouvernans; que, comme vous, je suis humilié de voir cette forte France, traînée à genoux dans la boue et dans le sang des peuples, pour mendier un peu de paix qu'elle n'aura pas et qu'elle eût obtenu, à coup sûr, à la pointe de ses baïonnettes. C'est vous dire combien j'aime à vous voir flageller ces viles épaules toujours courbées devant l'insolence, et l'égoïsme de la honte, et le jésuitisme de la liberté, et ces vantards de poltronnerie, et ces publicains, aux ignobles balances, qui croient laver, en le rendant au faible, le soufflet qu'ils reçoivent du fort. C'est alors que je loue votre colère, que j'admire votre talent, que j'envie votre verve : car tout cela est beau, pur, étincelant du feu de la patrie; et tout cœur de Français s'allume à de tels accens.

Mais, plus loin, la sympathie cesse; le dissentiment commence : car nous ne sommes pas accoutumés à marcher long-temps sous les mêmes bannières.

Vous nous avez présenté, vous nous présentez toujours votre légitimité, comme un appareil réparateur de toutes nos blessures. Vous voudriez faire, de notre jeune liberté, une pieuse Antigone pour cette légitimité aveugle et décrépite. J'y vois, moi, Monsieur, la source vive de tous nos maux; un OEdipe, il est vrai, un OEdipe fatal qui ne laisse, après lui, que désastres et crimes.

Consultons les faits.

Waterloo consommé, les vainqueurs s'assemblèrent.

Après que les esclaves furent parqués et les limites tracées, il fallut bien aviser à jouir paisiblement de la proie. Mais que de dangers à traverser !

Car cette odieuse révolution, qu'ils venaient de tuer, avait crié aux nations, qui avaient entendu, qu'elles n'étaient pas un troupeau qu'un roi avait le droit de tondre et de manger à merci.

Car, au milieu de cette confusion tumultueuse d'hommes qu'on mêlait, qu'on séparait, qu'on isolait, qu'on unissait, sans consulter leurs vœux, leurs intérêts, leurs droits, leurs lumières, il se pouvait qu'un désespoir de peuple vînt compromettre terriblement le repos et le pouvoir des maîtres.

Et l'étincelle jetée, où s'arrêtait l'incendie?

Mais, par bonheur, l'homme des expédiens se trouvait parmi eux; l'homme de tous les pouvoirs et de toutes les trahisons. Il n'eut pas de peine à leur démontrer que les peuples étaient leurs premiers ennemis, qu'ils n'auraient pas trop de toutes leurs forces pour défendre en commun leur inique puissance; il organisa enfin une royale association d'assurance mutuelle de toutes les tyrannies contre toutes les libertés.

Mais notre France surtout troublait le sommeil des rois. Ils savaient qu'elle était le foyer des idées généreuses, des conquêtes de l'intelligence. Ils savaient que l'arbre de la liberté, abattu de leurs mains, à la surface, avait jeté au fond du sol de vivaces racines. Ils savaient que trente-deux millions de Français, se levant au nom de la gloire et de la liberté, pouvaient encore refouler dans les steppes du Nord les hordes de l'Europe barbare et féodale. Il fallait donc un ami sûr, un instrument docile, une créature de la Sainte-Alliance; faible et impopulaire, car elle était là, pour énerver, pour amollir, pour diviser, inquiète et intrigante, car elle avait pour mission de surveiller les pousses nouvelles de l'arbre, et de n'en laisser qu'une tige faible et languissante, dont la main du maître pût s'armer, au besoin, pour fustiger de rebelles sujets.

Talleyrand y avait pourvu; la légitimité était aux Tuileries.

La légitimité était installée avec son bagage de vieux hommes, de vieux souvenirs et de vieux préjugés. Sa force, elle l'avait partout, excepté chez elle; son baptême, c'était le sang de deux millions de Français morts, contre elle, sur les champs de bataille.

Elle était digne de sa mission et de ses engagemens. Résumons.

Les traités de 1815, c'était la proclamation de notre défaite, la sanction de notre vasselage, l'admission des ennemis dans le sein du pays, l'introduction des commissaires de la Sainte-Alliance non pas au milieu, mais à la tête de nos affaires.

Les traités de 1815 furent, à la fois, la ligue des rois contre la France, et la ligue de l'absolutisme contre la liberté. Ils furent le manifeste de la violence et de l'injustice, contre la faiblesse et le droit.

La légitimité, c'était le principe de la vieille monarchie, de la monarchie féodale conjurée avec l'Europe, contre la liberté, contre l'indépendance française, en vertu des traités de 1815.

Aussi, admirez son action sur les peuples d'Europe et le peuple de France, de concert avec ses alliés.

La France est encore vigoureuse, il faut commencer par la saigner. On lui enlève ses trésors, on décime ses généraux, on mutile sa vieille armée : on la fatigue de ce système de corruptions parlementaires, de conspirations de police, d'évolutions politiques, si fameux sous le nom de *bascule*.

Mais, malgré tout, les citoyens osaient montrer du nerf et de l'indépendance. Aussi, une faction occulte, dominatrice du gouvernement, put traîner son pays devant le tribunal de Laybach et de Vérone et requérir sa condamnation devant des juges secrets.

Pendant ce temps, un rayon de liberté pointait-il quelque part en Europe? vite, on l'étouffait derrière un nuage de notes, ou un rideau de baïonnettes.

Jusques-là, la France n'avait été que victime, il fallut la faire complice. On ordonna à son armée d'aller replanter le despotisme en Espagne, pour nous en rapporter une bouture.

Ici, Monsieur, permettez-moi, sur l'incompatibilité du principe libéral et du principe légitimiste, une objection que je crois invincible. Vous, *républicain par nature*, vous le dites, et je le crois, vous n'êtes pas né pour le despotisme; la liberté est la nourrice du génie, a dit notre Béranger; vous, égaré par la préoccupation du salut de votre principe, ne devintesvous pas le partisan le plus chaud, le propagandiste le plus influent de cette agression inique, de cet attentat effronté contre les droits d'un peuple et l'indépendance d'un pays? et puisqu'il vous a entraîné à une erreur aussi déplorable, à quel degré de déraison et de tyrannie ne peut-il pas pousser des âmes moins fortes et des esprits moins éclairés ! Je reviens.

L'armée fit ce qu'on lui ordonnait.

Dès-lors, le pouvoir absolu ne prévit plus d'obstacles. Dès-lors, s'ouvrit cette voie plus large d'audace et de privilége, où l'on rencontre, tour à tour, la censure, le sacrilège, l'aînesse et qui ne s'arrêta, un instant, que pour se culbuter, de toute la force de sa course, contre Polignac et les ordonnances.

Voilà quelle fut la légitimité.

Ce n'est pas tout; comme le Parthe, elle a lancé son dernier trait en fuyant. Elle nous à légué la quasi-légitimité.

Cette quasi-légitimité, qu'est-elle?

Grammaticalement, une modification, l'approximation, aussi complète que possible, du principe de légitimité.

Abstractivement, l'accouplement monstrueux de la souveraineté populaire avec le dogme du droit divin; image de ce tyran de Virgile qui attachait tout vif un homme à un cadavre.

Politiquement, c'est l'un et l'autre. C'est pour les trois jours une révolution de palais, pour la

France, un peu plus de faiblesse et de honte, pour l'Europe, un degré d'esclavage de plus, pour la Sainte-Alliance, un commissaire remplacé.

Et qu'on ne vienne pas crier à la perfidie et m'accuser d'équivoquer sur les mots : ce que je dis je vais le prouver jusqu'à l'évidence et les faits à la main.

La royauté de juillet apparut au milieu des barricades, la Marseillaise à la bouche et Lafayette sur son cœur.

C'était un de ces momens rares et magnifiques dans l'histoire, où tout un peuple montre les vertus d'un grand homme. Confiant et modeste, il déposa, avec candeur, la victoire, dans dés mains qu'on lui dit sûres et fraternelles. A l'aspect de tant d'héroïsme, les nations se levèrent d'enthousiasme et de sympathie, tout peuple voulut être libre et pur comme nous, les révolutions couraient l'Europe comme le feu sur la traînée de poudre, 1815 était broyé sous les pavés, la Sainte-Alliance agonisait.

O! que d'avenir et de gloire rayonnait alors sur la couronne républicaine! Quel rôle et que de facile immortalité ! il ne fallait qu'un peu de cœur et de lumières pour devenir le Washington du monde, le demi-dieu de la liberté.

Ce qu'on avait à faire, je n'ai pas à le dire. Ce qu'on a fait et ce que j'accuse, le voici.

La restauration nous apporta aussi ses wighs et ses torys. Aristocrates de Coblentz et de Gand, de la doctrine et de l'émigration, qu'unirent les mêmes haines et les mêmes combats, que divisèrent le triomphe et le partage des dépouilles.

L'intrigue domestique chassa l'intrigue parlementaire. Les doctrinaires furent mis hors les places et le budget.

Alors, ils se jetèrent au cou du colosse populaire. Ils le caressèrent, ils l'irritèrent contre ceux qui les avaient exclus du banquet des faveurs. Ils eurent la folle vanité de croire qu'il ne se leverait que pour les hausser sur ses épaules jusques aux portefeuilles, et au lieu d'une restauration corrompue à exploiter par privilége, ils virent, avec terreur, une révolution de peuple qui inscrivait sur son drapeau tricolore : *Liberté, égalité.*

Ils se regardèrent avec désespoir, et, comme les frères de Joseph, ils se dirent : « Qu'avons-nous fait ! » car leur chère restauration était morte, morte, disait-on, avec son budget et ses sinécures. Le peuple ne donnait que de la gloire et ils ne demandaient eux que du pouvoir et de l'argent.

La première alarme fut chaude, mais elle fut courte. En gens habitués aux coups de théâtres politiques, ils étaient aux avenues du pouvoir, par provision, ils le prirent. En regardant autour d'eux, ils virent que la restauration n'était pas tant morte et qu'elle en pouvait revenir. Il ne fallait pour cela que la masquer un peu et la teindre de bleu, de blanc et de rouge, au lieu de la laisser toute blanche. La couleur n'y faisait rien : le bon de la chose c'était le fond et non la forme ; ils le sentirent bien et le firent sentir.

Il ne fallut pas long-temps pour s'expliquer et pour s'entendre ; sur-le-champ fut créé un centre d'action occulte ; la Camarilla s'organisa, délibéra, se formula, et la *quasi-légitimité* prit naissance.

Les progrès furent rapides. Au bout de deux

mois on osait, à la tribune, la signifier au pays, et on faisait suivre cette déclaration de la doctrine expressive, *Qu'un gouvernement doit être impopulaire*[1].

Tout gouvernement a besoin d'être soutenu. *Impopulaire*, il est évident qu'il n'obtient aucun appui dans le pays; il lui faut une force pourtant; où peut-il la chercher s'il ne l'a pas chez lui? Hors de chez lui, sans doute, à l'étranger.

La conséquence est logique, ou il n'y a pas de logique au monde; nous allons voir à l'œuvre celle de la Camarilla.

Dès les premiers instans, Talleyrand était l'âme de ces menées obscures. Il déduisit ainsi de la révolution, la quasi-légitimité, de la quasi-légitimité, l'impopularité, de l'impopularité, la nécessité de l'appui de l'étranger, de cette nécessité, l'adoption pure et simple des traités de 1815. La gradation était simple et parfaite.

L'adoption pure et simple, entendez-vous, Monsieur; non pas seulement la partie matérielle, la délimitation des territoires, la confi-

---

[1] Discours de M. Guizot à la Chambre des députés.

guration physique des états ; mais les principes ; mais le système ; mais les tendances ; et ce système, répétons-le, c'était la haine de la liberté, l'organisation armée du despotisme, la dépendance, l'affaiblissement militaire, l'asservissement intérieur, le blocus de la France par les baïonnettes de la tyrannie.

Eh bien ! on a osé accepter tout cela. On a envoyé à Londres le père de ces infâmes traités, pour qu'il donnât, à ses enfans moribonds, une seconde vie.

Et il l'a fait, Monsieur. Ils florissent aujourd'hui dans toute leur force, ils sont acceptés dans toute leur largeur. En voulez-vous pour preuve des faits, des actes, des aveux, des protocoles, lisez.

Protocole de la conférence au foreign office, le 20 décembre 1830.

« Présens : les plénipotentiaires d'Autriche, de France, de la Grande-Bretagne, de Prusse et de Russie.

« Les plénipotentiaires des cinq cours ayant reçu, etc..... Se sont réunis pour délibérer sur les mesures ultérieures, dans le but de remédier au dérangemens que *les troubles survenus en Belgique, ont apporté dans le systéme établi par les traités de 1814 et de 1815.*

« En formant, par les traités en question, l'union de la Belgique avec la Hollande, les puissances signataires de ces mêmes traités et dont les plénipotentiaires sont assemblés en ce moment, *avaient eu pour but de fonder un juste équilibre en Europe,* et d'assurer le maintien de la paix générale. Les événemens des quatre derniers mois ont *malheureusement* démontré que, « cet amalgame parfait et complet que les puissances voulaient opérer entre ces deux pays, » n'avait pas été obtenu, qu'il serait désormais impossible de l'effectuer ; *qu'ainsi l'objet méme de l'union de la Belgique avec la Hollande se trouve détruit, et que dès-lors il devient indispensable de recourir à d'autres arrangemens,* POUR ACCOMPLIR LES INTENTIONS A L'EXÉCUTION DES QUELLES CETTE UNION DEVAIT SERVIR DE MOYEN.

«Unie à la Hollande et faisant partie intégrante du royaume des Pays-Bas, *la Belgique avait à remplir sa part des devoirs européens de ce royaume et des obligations que les traités lui avaient fait contracter envers les autres puissances ; la séparation de la Hollande ne saurait la libérer de cette part de ses devoirs et de ses obligations.*

«La conférence s'occupera conséquemment de discuter et de concerter les nouveaux arrangemens les plus propres à combiner l'indépendance de la Belgique avec les stipulations des traités, etc. etc. »

« *Signé*, Esterhazi, Wecssenberg, Talleyrand, Palmerston, Bulow, Leeven, Matuschwitz. »

Examinons bien cette déclaration de principes. 1° La conférence a pour but de *remédier aux dérangemens que les* troubles *survenus en Belgique ont apportés dans le systéme établi par les traités de 1814 et de 1815.*

2° Ces traités fondaient *un juste équilibre en Europe.* La justice de 1815, vantée par la France qu'elle dépouilla !

3° *Il est* malheureusement *démontré que la réunion de la Belgique à la Hollande est désormais impossible.*

4°. *Il faut recourir à d'autres arrangemens pour accomplir* LES INTENTIONS A L'EXÉCUTION DES QUELLES *cette réunion devait servir de moyens.*

La Belgique avait à remplir SA PART DES DEVOIRS EUROPÉENS *du royaume des Pays-Bas,* ET DES OBLIGATIONS QUE LES TRAITÉS LUI AVAIENT FAIT CONTRACTER ENVERS LES AUTRES PUISSANCES, ET SA SÉPARATION NE LA LIBÉRÉ PAS DE CES DE- VOIRS ET DE CES OBLIGATIONS.

CES INTENTIONS, CES OBLIGATIONS DES TRAITÉS, CES DEVOIRS ENVERS LES PUISSANCES, quels sont-ils? tout le monde les sait et je vais vous les dire; mais non. Nos ministres pourraient répondre par un de ces démentis intrépides qu'ils jettent à toute vérité. L'un deux va le dire lui-même.

« *Le royaume des Pays-Bas* AVAIT ÉTÉ CRÉÉ
« EN HOSTILITÉ CONTRE LA FRANCE, toute l'Eu-
« rope y avait concouru. Après avoir créé *sur*
« *nos frontières* un royaume de six millions
« d'habitans, *elle le couvrit de places fortes,*
« avec le produit des contributions que la
« France avait été obligée de supporter.

« La révolution de la Belgique produisit à

« Saint-Pétersbourg une grande impression.
« Cette cour vit le système *élevé contre nous*
« *s'écrouler : le royaume dee Pays-Bas dis-*
« *paraissait et avec lui la force offensive*
« *créée contre la France.*

(Discours du ministre des affaires étrangères.
Moniteur du 7 septembre 1831.)

Rapprochons; et pour les rendre plus saillans
formulons en dialogue ces aveux de nos hommes
d'état.

LE MINISTRE DES AFFAIRES ÉTRANGÈRES. Le
royaume des Pays-Bas a été créé en hostilité
contre la France.

TALLEYRAND. C'était un juste équilibre, et il
est *malheureusement* démontré que l'objet
même de la réunion avec la Hollande se trouve
détruit.

LE MINISTRE. Toute l'Europe y avoit concouru,
elle avait créé contre nous, sur nos frontières,
un royaume de six millions d'habitans et le couvrit de places fortes.

TALLEYRAND. Il devient indispensable de recourir à d'autres arrangemens pour accomplir
les intentions à l'exécution desquelles, cette
union devait servir de moyen.

Le Ministre. C'était un système élevé contre nous, une force offensive créée contre la Fracne.

Talleyrand. La séparation de la Belgique ne la libère pas des devoirs européens du royaume des Pays-Bas et des obligations que les traités lui avaient fait contracter envers les autres puissances.

Je le demande, n'y a-t-il pas dans ces paroles la désertion formelle du principe de notre révolution ?

Et l'ambassadeur de France a signé ces infamies ! Est-ce clair ?

Je vais prouver qu'il les exécute.

La Belgique révolutionnée, quel était l'intérêt de la France ?

La réunion d'abord, et sinon la formation d'un état fort, libre, indépendant, car il devenait notre allié nécessaire.

Quel était l'intérêt de la Sainte-Alliance ?

D'y opérer une restauration orangiste, si c'était possible ; autrement, d'affaiblir, de ruiner, de diviser les Belges et de les éloiguer, par tous les moyens, de la France.

Qu'a-t-on fait ?

La réunion est proposée au gouvernement français, il la refuse.

La Belgique veut se constituer en république, il le défend.

Monarchie, va-t-elle choisir le duc de Leuchtenberg? il le repousse.

Le duc de Nemours? il le refuse.

Et elle s'affaiblit dans le provisoire, et toutes les combinaisons françaises sont épuisées, sans résultat.

Cependant, ce provisoire la ronge, il lui faut y mettre fin à tout prix. On le sait et on en profite. Elle était notre alliée nécessaire, on la fait neutre, et la Sainte – Alliance lui donne un roi anglais.

Ce roi arrive, apportant pour joyeux avénement une humiliation imposée par la France. Les Belges apprennent, avec indignation, qu'on veut démolir leurs places fortes, que la France l'exige. Mais par un désintéressement modèle, elle laisse la Sainte-Alliance faire le choix des places, elle s'exclut de la délibération; c'est tout simple, dit-elle, elle y a intérêt; çà ne regarde donc que les quatre puissances. Tout ce qu'elle ambitionne, c'est l'impopularité qu'une telle demande doit lui valoir parmi les Belges, et qu'elle s'applique à mériter.

Bientôt, il n'est plus question du démentèlement. La sainte-alliance ne veut rien démolir, quand elle est sûre de tout avoir.

Notre dernière et équivoque expédition a relevé un peu la sympathie des Belges : vite, bien vite, un coup de massue. Le protocole 43 paraît, la Belgique est ouverte, ruinée et démembrée, et ce sera la France qui la forcera, l'épée sur la gorge, à voter sa perte, sa ruine, son déshonneur.

Maintenant tout est consommé ; maintenant, quelle que soit la détermination de la Hollande, la restauration est inévitable ; les Belges préféreront le prince d'Orange à l'impuissance et à la misère, car c'est là qu'ils en sont aujourd'hui. Avant trois mois, ils auront relevé de leurs mains le trône des Nassau.

Alors, la sainte-alliance sera à Mons et Marienbourg, comme à Luxembourg et Landau. Alors, les Belges, indignés de notre trahison et de notre lâcheté, feront, comme à Waterloo, l'avant-garde de la sainte-alliance. Alors enfin, seront accomplies les *intentions des traités de 1815*, et le retour de la Belgique dans la ligne de ses *devoirs européens* et de ses *obligations envers les puissances.*

Admirez en frémissant, Monsieur, les combinaisons profondes, la perfidie prudente, habile, logique et gradative de la camarilla. Elle a senti qu'en acceptant la révolution belge, elle aurait eu affaire à deux peuples au lieu d'un. Elle commence par les séparer. Elle mène le plus faible de la révolution au provisoire, du provisoire à la neutralité, de la neutralité à la misère et au démembrement, pour le réduire enfin à se suicider lui-même ou à tuer sa révolution de ses mains.

Chez nous, nous l'avons vue procéder de la quasi légitimité à l'impopularité et aux traités de 1815 ; par le sacrifice si périlleux de la Belgique, elle a fait son dernier pas dans la sainte-alliance : c'est l'anti-nationalité.

Et dans ce fait la même progression.

Au nom de la non-intervention, on désarme les réfugiés espagnols ; on proclame la Pologne destinée à périr.

En Italie, on abaisse un peu plus le masque; on laisse violer la non-intervention.

En Belgique, on le jette. On intervient franchement. On se sent assez fort pour réduire soi-même cette *voisine incommode* qui troubla tant de sommeils.

C'était le festin de réception, et il fut magnifique. On y dévora l'avenir de la France et la liberté des Belges.

Pendant qu'à force de services, la quasi légitimité se fait légitime à Londres, en France elle marche incessamment vers son but, et vient à bout de recrépir en l'air les débris crevassés de la restauration, de manière à en faire un *quasi édifice*.

La restauration, considérée comme système gouvernemental, s'est posée sur deux principes, base et source de tous les autres. Appui de l'étranger, amour du privilége.

A eux deux, ils expriment et résument tous les maux qu'elle a faits.

Mais au moins, elle était conséquente et fidèle. Régnant par l'étranger, elle lui avait prêté, tout haut, foi et hommage.

Aristocratique de foi, de goût, de position :

après vingt-cinq ans de luttes, ses doctrines avait triomphé, elle les rapportait en France comme en pays conquis. C'était tout simple.

Mais le Gouvernement de juillet, enfant ingrat de la démocratie, a renié, calomnié sa mère.

Aussitôt née, la quasi légitimité a relevé les deux principes de la puissance déchue. Ils sont la clef de voûte de tout son édifice, mais avec la variante obligée des situations En 1815, l'étranger nous importa le privilége ; aujourd'hui, le privilége nous importe l'étranger. Je m'explique ; et mon explication sera le résumé de tout ce que j'ai dit, comme ce qu'elle va dévoiler est le but et la fin de tout ce qu'on a fait.

La camarilla et la doctrine n'avaient qu'une préoccupation, qu'un intérêt ; le budget et le pouvoir. Mais ce n'est rien de les avoir un jour, il faut se les inféoder à jamais et par privilége.

Aussi toutes les trompettes, tous les talens du parti se mirent à présenter, à vanter à la

France comme un modèle, une leçon, un résultat à poursuivre; quoi? la révolution aristocratique de 1688. Quand? au moment même où la vieille Angleterre s'apprête à l'expier par des monceaux de ruines et par des flots de sang!

Mais qu'importe à ces cœurs arides l'intérêt du pays.

La révolution de 1688! c'est-à-dire, à quelques-uns, à eux, aux heureux de ce monde, gloire, opulence, honneurs; aux masses, misère, ignorance, ilotisme.

Mais en présence de notre démocratie forte et vivace de France, qu'on haït et qu'on redoute, qui est tout et partout, excepté au timon de l'état, où poser les racines de cette aristocratie frêle et vacillante, qui adossée au trône prétend le soutenir, parce qu'elle s'en appuie?

Où? pas dans le cœur des citoyens où il n'y a que haine du privilége; pas dans le sol du pays, où se mêle un peuple d'égaux!

Où? les faits le racontent et le crient : dans l'intrigue et dans l'étranger.

L'intrigue! jamais elle ne se montra avec autant d'audace et sous autant de formes. Elle nous presse, nous entoure, nous dévore, elle transpire par chaque porc du corps gouvernemental ; qui contagionne tout ce qu'il touche.

C'est elle qui à élevé cet autel de la peur et qui lui a voué de vastes hécatombes. Elle y à déjà sacrifié trois peuples.

C'est elle qui à chassé un à un tous les hommes du peuple, pour les remplacer par les crispins de toutes les aristocraties.

C'est elle qui à rétreci l'esprit de nos hommes d'état jusqu'à leur faire emprisoner l'événement le plus fécond de notre siècle de merveilles dans les murs d'un anti chambre royal ; jusqu'à le réduire aux proportions honteuses d'une conspiraillerie liberticide de camarilla, espèce d'Hudson Lowe tricolore qui tue la France à coups d'épingle.

C'est elle qui uous étale tontes les taches de Villèle, toutes les lèpres de la restauration. C'est elle qui, jalouse des lauriers d'Ouvrard, le surpassa dans le marchés Gisquet.

L'étranger ! il nous tient le pied sur la gorge. Il nous impose ses intérêts, il nous frappe dans nos affections. Il influence nos volontés.

Il est au grand complet de guerre, il nous défend de nous armer ; il à douze cent mille
hommes sous les drapeaux , nous n'osons pré-
parer six cent mille soldats , et comme pour
rendre notre honte plus amère , au mêmes moment ou l'on nous fait voter six cent mille
francs pour les *pauvres de Charles X*, on dit
qu'il ordonne au pouvoir de laisser sur la paille
les soldats de Waterloo.

A l'aspect de toutes ces choses, faut il avoir
le regard bien perçant pour voir a l'horizon les
vents et les tempêtes ; en jettant les yeux autour de moi, je n'ai vu que confusion, insta-
bilité, péril en la demeure , et je me suis dit;
il y a ici quelqu'un que l'on trompe.

Je voyais aux affaires toute la restaurations
moins un homme. Alliances , engagements ,
système, opinions, moyens, instruments, tout
me parut semblable.

Et que de faits, gros de révélations, sont venus
depuis confirmer mes alarmes.

Concluerai-je de là, que la faction travaille
intentionnellement au retour d'Henri V ? Non,
Monsieur, elle a de la restauration ce qu'elle

en voulait; le pouvoir et l'argent; elle les a exclusivement, peu lui importe le reste.

Elle sait de plus qu'Henri V, de retour, amènerait ses favoris et ses fidèles et qu'il faudrait au moins les admettre à la part.

Mais ce qu'elle semble ignorer, c'est ce fait moral et éternel qui domine l'histoire. C'est que tout système politique, tend, souvent malgré ses hommes, à se développer et à se finir.

Or quel est le terme, le dernier progrès de la quasi-légitimité? la légitimité et qu'est la légitimité, sinon la restauration d'Henri V?

Eh bien! selon moi, le moment n'est pas éloigné, (car je ne crois pas à votre utopie légitime), où il faudra faire un choix absolu entre Henri et le peuple, entre l'indépendance et le servage, entre la liberté et la restauration.

Et je le dis, en présence des fautes des hommes du pouvoir, de leurs trahisons, de leurs affections, de leurs haines, à l'aspect du mal qu'ils ont fait à là France et à la liberté, moi, qui ai un peu vécu dans la vie politique, qui sais ce qu'ont de puissance la peur, les antécédens, les préoccupations, le dépit, l'ambition, les affinités, je ne sais pas, si dans la crise, les puissances du jour préféreront Henri V au peuple qu'ils ont trompé, mais, je le déclare, je le crains. Il y a plus, je le crois.

Oui, en mon âme et conscience, je le crois.

Commencez-vous à comprendre, Monsieur, l'intention de ma proposition? Pensez-vous encore qu'elle n'a que le but misérable de faire verser le sang d'un enfant d'un vieillard. Ce n'est pas que pourtant je ue persiste a penser que s'ils reviennent en France souffler le feu de la guerre civile, eux et les leurs méritent la mort, et je suis bien aise qu'on le leur dise. Mais loi ou non laissez faire au peuple; s'il les y reprend, il leur prouvera que quelque vaste que soit sa clémence, on l'épuise à la fin.

Ce que j'ai voulu, c'est, tout à la fois, donner un avertissement et prendre une garantie. Je veux que les pouvoirs légaux de l'état notifient la volonté et l'arrêt du pays, à la famille déchue qui s'agite et conspire; je veux enlever au juste milieu cette porte de derrière qui au jour du

péril, ne pourrait s'ouvrir que sur les terres voisines de la restaurationr

Ici, monsieur, se présente une réflexion dont tout le monde sentira la justesse. Vous paraissez attribuer, à l'influence de nos gouvernans, la proposition que j'ai pensé devoir faire à la chambre. Vous semblez croire à une espèce de connivence que je répudie comme honteuse pour moi entre mes intentions et leurs intérêts. Ne pourrais-je pas avec bien plus de raisons vous accuser d'injustice, lorsque vous inculpez leurs actes, leur système, quand ce système et ces actes ne tendent, comme je viens de le démontrer, qu'à ramener l'ordre de choses dont vous vous constituez le défenseur, et qui est l'objet de votre prédilection? La seule différence que je vois entre vous et eux, c'est que vous appelez la légitimité par de brillantes pages, et qu'ils nous y ramènent par des actions déshonorantes.

Au reste, le procès va s'instruire. La France, qui voit et qui juge attend leurs discours et leurs votes. Là se trahiront les intentions, se démasqueront les visages? On verra si le gouvernement repousse ce que la nation ne veut pas, s'il pactise avec ce qu'elle hait, s'il veut se réserver la planche de désertion, et c'est une épreuve bonne à faire.

Je terminerai, monsieur, par la réfutation d'un de vos argumens. Ma proposition, dites-vous, porte atteinte à la souveraineré du peuple. Non. De pareilles lois sont sans effet pour lui. Quand il veut un chef, quel qu'il soit, il le prend. Mais elles sont très-gênantes pour les conspirations de parti et le triomphe de quelques-uns sur tous.

Oui, monsieur, Henri V est anti-national. Les pavés de juillet l'ont tué comme roi. Votre talent si beau travaille sur un mort, et il est des miracles que le génie ne fait pas.

Voyez, monsieur, qu'y a-t-il de Français dans tout ce qui entoure l'élève du Russe Damas. Quels sont ses serviteurs? les Blacas, les Tharin; ses généraux? les Bourmont, les Marmont; quels sont ses soldats? des déserteurs à la frontière, des Chouans dans les provinces !

Son nom ne se mêle-t-il pas à nos calamités intestines? Écoutez, en Vendée, écoutez ces vivat qui s'élèvent au milieu du râle des femmes qu'on tue, des plaintes des enfans qu'on torture ! quels sont-ils, dites-le : *Vive Henri V!*

Ah ! monsieur, dédiez votre beau génie à une plus noble cause. Venez, venez chercher des iuspirations plus hautes au milieu de ce peuple généreux et épique. Ne vous consacrez plus qu'au culte de la patrie ; ne placez pas sur son autel un autre Dieu que la France. L'arrêt populaire est irrévocable ; il a subi trois appels. Il y a trop de sang et de honte entre Henri V et nous. Vous avez été fort pour l'abattre, vous ne pouvez rien pour le relever. Quelque puissante qu'elle soit, quelque glorieuse que je la reconnaisse, votre plume n'est pas l'épée de Warwick, qui faisait et defaisait les rois.

J'ai l'honneur d'être, etc.

ARMAND DE BRIQUEVILLE.

Paris, le 11 novembre 1831.

www.ingramcontent.com/pod-product-compliance
Lightning Source LLC
Chambersburg PA
CBHW051337060726
47596CB00004B/1656